AF601197

23 avril 1873

Vente des Mercredi 23 et Jeudi 24 Avril 1873

SALLE N° 2

A deux heures et à sept heures et demie du soir.

MATIÈRES PRÉCIEUSES

BIJOUX

TABATIÈRES — BONBONNIÈRES

SCULPTURES — PORCELAINES

BRONZES

Appartenant à M. J. Théret

EXPOSITION PUBLIQUE : Le Mardi 22 Avril 1873

Me CHARLES PILLET COMMISSAIRE-PRISEUR, 10, rue de la Grange-Batelière	M. CHARLES MANNHEIM EXPERT. 7, rue Saint-Georges.

CATALOGUE

DE

MATIÈRES PRÉCIEUSES

Travaillées et brutes

TELLES QUE :

Beaux cristaux de roche pour lustres; Coupes, Vases, Plateaux, etc. en cristal de roche, en jade, en agate orientale, en lapis; Fort lot de brut de cristal de roche, de jaspe, de lapis, etc.;

TABATIÈRES ET BONBONNIÈRES

BIJOUX; MOSAIQUES; SCULPTURES; PORCELAINES; BRONZES; MEUBLES.

Le tout appartenant à M. J. Théret

ET DONT LA VENTE AURA LIEU

HOTEL DROUOT, SALLE N° 2

Les Mercredi 23 et Jeudi 24 Avril 1873

A deux heures et à sept heures et demie du soir.

Par le Ministère de Me CHARLES PILLET, Commissaire-Priseur, 10, rue de la Grange-Batelière;

Assisté de M. CHARLES MANNHEIM, expert, 7, rue Saint-Georges,

Chez lesquels se trouve le présent Catalogue.

EXPOSITION PUBLIQUE : Le Mardi 22 Avril 1873

DE UNE HEURE A CINQ HEURES ET DEMIE.

CONDITIONS DE LA VENTE

Elle sera faite au comptant.

Les acquéreurs payeront, en sus des adjudications, *cinq pour cent* applicables aux frais.

L'exposition mettant le public à même de se rendre compte de l'état des objets, il ne sera admis aucune réclamation une fois l'adjudication prononcée.

PARIS. — Imprimerie PILLET FILS AÎNÉ, rue des Grands-Augustins, 5.

DÉSIGNATION DES OBJETS

MATIÈRES PRÉCIEUSES

1 — Très-beau lot de grandes, moyennes et petites plaquettes de lustres en cristal de roche. Ce lot sera divisé.

2 — Beau lot de pièces d'enfilage et bobèches pour lustres en cristal de roche. Ce lot sera divisé.

3 — Quantité de boules et pendeloques en cristal de roche pour lustres. Ce lot sera divisé.

4 — Cristal de roche. — Coupe de forme oblongue sur pied à balustre avec anse et garniture du pied en argent doré.

5 — Cristal de roche. — Coupe analogue à celle qui précède, avec monture en argent doré et émaillé.

6 — Cristal de roche. — Coupe ronde et plate, taillée à côtes sur pied à balustre à pans.

7 — Cristal de roche. — Petite coupe en forme de coquille creuse.

8 — Cristal de roche. — Quatre socles triangulaires en cuivre doré, garnis de plaques de cristal de roche.

9 — Cristal de roche. — Grande et belle croix formant ostensoire, sur pied en bois noir, garni de bas-reliefs en argent doré et mosaïques plates à croix blanches sur fond de lapis.

10 — Cristal de roche. — Petit vase en forme de balustre à deux anses prises dans la masse. Travail chinois.

11 — Cristal de roche enfumé. — Deux vases non évidés de forme ovoïde à deux petites anses.

12 — Cristal de roche. — Petite coupe ronde à lobe bien évidée.

13 — Cristal de roche. — Deux colliers composés de quantité de boules taillées.

14 — Cristal de roche. — Pyramide reposant sur un socle carré.

15 — Cristal de roche. — Figurine de Chinois accroupi.

16 — Cristal de roche. — Deux pièces : coupe sans fond à quatre lobes et plaque offrant des fruits en relief.

17 — Cristal de roche. — Coupe ovale à deux anses prises dans la masse.

18 — Cristal de roche. — Grande boîte de forme contournée, montée à cage en argent gravé et doré.

19 — Cristal de roche. Étui taillé à pans et monté en argent.

20 — Cristal de roche. — Coupe ovale unie, à anses mascarons en relief.

21 — Cristal de roche. — Petite coupe en forme de coquille sur pied pris dans la masse.

22 — Cristal de roche. — Boîte rectangulaire montée à cage en argent doré.

23 — Cristal de roche. — Deux petites coupes rondes, taillées à feuilles en relief, pouvant servir de salières, et accompagnées de deux cuillers.

24 — Cristal de roche. — Coupe ronde taillée à côtes et à deux anses prises dans la masse.

25 — Cristal de roche. — Boîte carrée sans couvercle.

26 — Cristal de roche. — Petit flacon taillé à côtes.

27 — Cristal de roche. — Diverses boîtes sans couvercles, manches de cachets, piédestaux, balustres, etc., qui seront vendus par lots.

28 — Cristal de roche. — Pitong en forme de tronc d'arbre à branchages découpés à jour.

29-30 — Jaspe fleuri. — Deux plats en cuivre doré garnis de compartiments de jaspe fleuri de Sicile. Ils seront vendus séparément.

30 *bis*-31 — Jaspe vert. — Deux plats analogues à ceux qui précèdent.

32 — Cristal de roche. — Plat analogue, garni de cristaux de roche.

33 — Cristal de roche. — Belle tête de dragon en ronde bosse, garnie d'une monture émaillée du XVIe siècle.

34 — Cristal de roche. — Lot de colonnettes torses.

35 — Cristal de roche. — Deux anses en consoles ornées de dauphins gravés en relief.

36 — Agate orientale blonde. — Petite coupe forme fleur à deux anses prises dans la masse. Travail chinois.

37 — Agate orientale blonde. — Coupe analogue, mais plus petite.

38 — Agate orientale blonde. — Jolie coupe de forme ovale allongée.

39 — Agate orientale. — Coupe profonde sur piédouche.

40 — Agate orientale. — Petite coupe ronde unie.

41 — Agate orientale. — Petite coupe ovale à une anse.

42 — Agate orientale. — Coupe ronde à deux petites anses prises dans la masse.

43 — Agate orientale blanchâtre. — Petite coupe à deux anses prises dans la masse.

44 — Agate blanchâtre. — Coupe ronde unie, sans pied.

45 — Agate orientale rougeâtre. — Pitong en forme de rocher, à branchages et oiseaux en relief.

46 — Agate baignée. — Coupe ronde unie, sur pied formé de branches et feuilles de vigne en argent ciselé.

47 — Agate d'Allemagne. — Collier composé de boules rubanées.

48 — Cornaline. — Quatre petites coupes ovales.

49 — Cristal de roche. — Manche de poignard à fleurs gravées en relief. Travail de l'Inde.

50 — Cristal de roche. — Lot de balustres tournés.

51 — Cristal de roche. — Douze petites tasses unies.

52 — Cristal de roche. — Grande fleur de lis montée en vermeil et enrichie de turquoises et de perles fines.

53 — Jade gris verdâtre. — Coupe en forme de fleur à branchages pris dans la masse.

54 — Jade gris verdâtre. — Coupe analogue à celle qui précède, mais un peu plus petite.

55 — Jade gris verdâtre. — Coupe analogue encore plus petite.

56 — Jade gris verdâtre. — Petite coupe ronde à deux anses prises dans la masse et repercées à jour. Elle repose sur un plateau taillé à lobes.

57 — Jade gris. — Petite coupe ronde à une anse tête de dragon.

58 — Jade gris. — Petite coupe ronde à deux anses prises dans la masse.

59 — Jade vert. — Coupe ronde unie.

60 — Jade vert. — Petit vase en forme de balustre aplati à ornements gravés en relief.

61 — Jade gris. — Petite coupe de forme antique à une anse prise dans la masse.

62 — Jade blanc. — Petite coupe ronde à deux anses prises dans la masse.

63 — Jade gris. — Coupe ovale à trois pieds bas et à une anse prise dans la masse.

64 — Jade gris. — Deux grandes coupes rondes taillées à petites côtes sur pieds en bois sculpté.

65 — Jade verdâtre. — Cuiller montée en argent.

66 — Jade blanc taché de vert. — Deux petites coupes de forme contournée sur pieds et à couvercles en bois sculpté.

67 — Jade de diverses nuances. — Quelques plaques variées de forme et de décor.

68 — Pierre de lard. — Petite coupe à deux anses et à couvercle.

69 — Pierre de lard. — Trois petites boîtes à ornements repercés à jour.

70 — Divers colliers composés de boules d'améthyste, d'agate, de lapis, etc.

71 — Jais. — Statuette de saint Jacques debout.

72 — Jade vert. — Vase en forme de gourde, à couvercle. Travail chinois.

73 — Lapis. — Diverses petites coupes variées de forme.

74 — Lapis. — Huit petites colonnes non montées.

75 — Jaspe fleuri de Sicile. — Quatre petites colonnes de jolie nuance.

76 — Jaspe héliotrope. — Deux petites colonnes.

77-86 — Porphyre rouge oriental. — Dix mortiers de diverses formes et dimensions. Ce lot sera divisé.

87 — Malachite. — Belle coupe carrée sur piédouche élevé.

88 — Marbre rougeâtre des Pyrénées. — Deux colonnettes avec socles de même matière.

89 — Marbre bleu turquin. — Deux fûts de colonnes unis.

90 — Albâtre orientale. — Coupe ronde, reposant sur trois pieds à têtes de lion et socle en granit gris.

91 — Porphyre rouge oriental. — Obélisque sur socle carré.

92 — Brocatelle d'Espagne. — Deux jolies colonnettes.

93 — Marbre orbiculaire de Corse. — Pendule forme borne, garnie de bronze.

94 — Diverses colonnettes en marbre de diverses nuances.

95 — Serpentin d'Égypte. — Cage de pendule de forme cintrée.

96 — Fort lot de brut de jaspe vert, de lapis, d'agate, de cristal de roche, de labrador, de porphyre rouge oriental, de granit, etc., etc.

97 — Quantité de plaques de mêmes matières.

98 — Fort lot de boules de lapis; manches de cachets en jaspe et en agate; fonds de boîtes, coupes, petits vases en sardoine, en agate, en jaspe et autres matières.

99 — Lot de colonnettes en marbre rouge antique, en albâtre orientale, en marbre vert antique, etc.

100 — Pendule en marbre vert sur socle en serpentin.

101 — Albâtre. — Deux colonnettes avec chapiteaux et embases en marbre jaune antique.

102 — Divers socles en porphyre rouge oriental et autres matières.

TABATIÈRES ET BONBONNIÈRES

103 — Jolie boîte carrée en jaspe sanguin, montée à cage, en or gravé et bec orné de diamants et d'un rubis. Époque Louis XV.

104 — Autre boîte en jaspe sanguin, taillé à cuvette et montée à gorge à charnière en or gravé et bec orné de diamants, rubis et saphir. Même époque.

105 — Boîte carrée en agate orientale blonde, montée à cage en or guilloché et bec orné de rubis et de diamants. Époque Louis XV.

106 — Boîte de forme contournée en caillou d'Égypte taillé à cuvette et montée en or finement gravé à fleurs, animaux et ornements. Époque Louis XV.

107 — Boîte oblongue à angles coupés, en or guilloché et ciselé. Le couvercle est orné d'une peinture sur émail représentant un paysage. Epoque Louis XVI.

108 — Boîte ronde en or à dessin filigrané et bandes émaillées. Le couvercle offre à son centre une petite montre cachée par une plaque d'or émaillé rouge.

109 — Boîte ovale en or gravé et émaillé en couleurs variées. Le dessus porte une inscription turque, exécutée en roses de Hollande. Travail moderne.

110 — Boîte ronde en écaille noire, ornée d'une miniature sur ivoire, portrait de la reine Marie-Christine de Suède, par Mlle Charrin.

111 — Grande boîte carrée en jaspe vert, montée à cage en vermeil, et le dessus orné d'une mosaïque branches de fleurs en relief.

112 — Boîte ovale en prime de grenat, montée en bas or.

113 — Boîte ronde de même matière.

114 — Boîte ronde en vernis de Martin galonnée d'or, ornée d'une miniature.

115 — Boite contournée en caillou d'Egypte, montée à gorge à charnière en or. Epoque Louis XV.

116 — Boîte ronde en écaille, montée en argent gravé et doré. Le couvercle est orné de plaques d'écaille posée d'or.

117 — Boîte ovale en bois pétrifié, montée en bas or.

118 — Boîte ronde en écaille, ornée d'une mosaïque. Amour conduisant un char traîné par deux cygnes.

119 — Boîte ronde en écaille posée d'or et figure de singe en relief rapportée en or repoussé.

120 — Drageoir en écaille incrustée de nacre et piquée d'or.

121-124 — Quatre boîtes de forme oblongue, en cristal de roche, taillé à cuvette et montées en argent doré.

125-134 — Dix boîtes de même matière, mais de forme ronde, montées en argent doré.

135-137 — Trois boîtes ovales de même matière, dont deux montées en or et une en argent doré.

138 — Boîte de forme octogone, en cristal de roche, montée en or.

139 — Boîte de forme contournée, montée à gorge en argent doré.

140 — Boîte carrée en jaspe sanguin, taillée à cuvette et montée en or.

141 — Boîte carrée en jaspe agate, montée à cage en argent gravé et doré.

142 — Jolie petite boîte en jaspe vert montée à cage en or.

143 — Boîte ovale en or ciselé, ornée d'une miniature, portrait d'homme.

144 — Boîte ovale en écaille incrustée d'or.

145 — Boîte ovale en jaspe rouge de Sicile montée en bas or.

146 — Boîte en agate orientale, forme ovale, montée en argent doré.

147 — Boîte en bois sculpté, représentant la tête de l'empereur Alexandre, montée en argent doré.

148 — Boîte profonde en écaille, montée à cage en argent doré.

149 — Boîte ronde en écaille, doublée en doublé d'or. Le dessus est orné d'une mosaïque papillon.

150 — Boîte ovale en caillou d'Egypte montée en or.

151 — Boîte ronde en vernis de Martin rayé vert et or.

152 — Jolie boîte ovale en jaspe sanguin montée en or.

153 — Boîte ronde en jaspe jaunâtre avec papillon rapporté en relief.

154 — Petite boîte ovale en verre vert, imitant la chrysoprase, montée à gorge en or gravé.

155 — Boîte oblongue à angles coupés en agate, montée en bas or.

156 — Boîte ronde en lapis-lazuli de Perse, montée en argent doré.

157 — Boîte ovale en aventurine de Venise, montée en bas or.

158 — Boîte en forme de tigre couché en poudingue, avec yeux en roses et monture en argent.

159 — Boîte oblongue à angles coupés en lapis-lazuli, montée en or.

160 — Boîte ronde en vernis de Martin, à sujet pastoral sur fond rouge.

161 — Boîte ronde en caillou d'Egypte, taillée à cuvette et montée en or.

162 — Drageoir en argent doré, orné d'une plaque en émail de Saxe, à paysage et ornements d'or en relief.

163 — Boîte ovale en prime d'opale.

164 — Drageoir en lapis, monté en bas or.

165 — Boîte carrée en agate orientale, montée à cage en argent doré et grenats.

166 — Boîte ronde en jaspe de Sicile.

167 — Boîte en pierre dure, ornée d'une mosaïque, papillon sur lapis.

168 — Boîte oblongue à angles coupés en aventurine naturelle, montée en or.

169-170 — Deux petites boîtes rondes en lapis, montées en argent doré.

171 — Boîte plate à angles coupés en mosaïque à damier.

172 — Grande boîte de forme contournée en agate orientale, montée en or gravé. Epoque Louis XV.

173 — Boîte carrée en jaspe sanguin, taillée à cuvette, montée en argent gravé et doré.

174 — Boîte ronde en lapis, montée en bas or et ornée d'une mosaïque de Rome. Paysage.

175 — Boîte carrée en agate orientale, montée à cage en or.

176 — Boîte longue à angles coupés, en pierre des amazones, montée à cage en bas or ; le dessus est orné d'une plaque d'agate.

177 — Très-petite boîte ronde en cristal de roche, montée en argent doré.

178 — Trois boîtes non montées : une en cristal de roche, une en pierre des amazones et la dernière en bois pétrifié.

ORFÉVRERIE ET BIJOUX

179 — Oiseau sur terrasse en forme de jardinière en filigrane d'argent, avec parties émaillées.

180 — Pied de vase à nœud en argent ciselé et doré.

181 — Petit coffret en cuivre doré, avec panneaux imitant la mosaïque.

182 — Petit bougeoir en laque, avec monture en cuivre doré et fleurettes de porcelaine.

183 — Deux pièces en faïence : bénitier et groupe représentant une nourrice.

184 — Salière Louis XIII en forme de piédouche, en argent repoussé.

185 — Christ en argent repoussé sur croix plaquée d'écaille. Le socle à colonnettes, également plaqué d'écaille, est richement garni de bas-reliefs et de figures en argent repoussé. Epoque Louis XIV.

186 — Trois calices en cuivre doré du xve siècle.

187 — Montre Louis XVI à répétition en or émaillé gris perle.

188 — Petite montre Louis XVI en or.

189 — Montre d'aveugle en or avec flèche en rose.

190-192 — Trois montres en or émaillé et demi-perles.

193 — Deux montres modernes en or.

194 — Grande montre en argent, de Robin, à répétition.

195 — Autre grande montre en argent à répétition.

196 — Montre à double boîte en argent repoussé. Époque Louis XV.

197 — Parure en perles fines, composée d'un collier, de deux pendants d'oreilles, d'une broche, etc.

198 — Deux parures en mosaïque à fleurs sur fond noir.

199 — Petit plateau en émail de Chine décoré de figures.

200 — Petit diptyque en ivoire sculpté, monté dans une boîte en bois noir.

201 — Couteau et fourchette à manches de jaspe vert.

202 — Cuiller, fourchette et couteau à manches et cuilleron en cristal de roche et monture en argent émaillé bleu turquoise.

203 — Couvert analogue en argent émaillé et bustes de femmes.

204 — Grand camée ovale sur onyx orientale, Offrande à Euterpe, composition de cinq figures.

205 — Grande intaille sur sardoine orientale, signée Pikler; sujet mythologique.

206 — Intaille sur agate à deux couches : guerriers combattant.

207 — Intaille sur lapis, groupe de deux figures.

208 — Camée sur agate orientale à trois couches, buste d'empereur romain.

209 — Figurine-applique en agate orientale : Diane debout.

210 — Intaille sur sardoine orientale : Vénus et Adonis.

211 — Camée sur cristal de roche : sujet champêtre du temps de Louis XV.

212 — Camée sur sardoine blonde : tête de César Auguste.

213 — Deux petites coupes rondes en agate orientale.

214 — Plaque de cristal de roche finement gravée en intaille à paysage.

215-220 — Divers camées et intailles sur agate, cornaline, corail, etc. Ce lot sera divisé.

221 — Broche formée d'une branche de fleurs en corail.

222 — Trois petits médaillons en or.

223 — Portrait de femme peint sur émail et monté dans un médaillon ovale.

224 — Trois petits médaillons ovales en argent ciselé et doré à figures en relief.

225 — Plaque ovale en aventurine naturelle à branches de fleurs rapportées en relief.

226 — Bracelet en argent doré orné d'un grenat entouré de roses.

227 — Bracelet en argent doré et émaillé à ornements.

228 — Autre bracelet en argent émaillé bleu, orné de grenats et de perles.

229 — Deux plaques en or et perles fines. Travail oriental.

230 — Cinq épingles formées chacune d'un nœud émaillé enrichi de pierreries.

231 — Bracelet en argent émaillé.

232 — Parure en argent doré et malachite.

233-240 — Quantité d'épingles et de boutons de manchettes, qui seront vendus séparément.

241-244 — Diverses garnitures de livres en argent ciselé.

245 — Quantité d'éventails avec montures en nacre et en ivoire.

MOSAIQUES

246 — Quatre jolies plaques en mosaïque en relief, exécutées en matières précieuses diverses et représentant des branches de fleurs et de fruits sur fond de marbre noir.

247 — Cinq petites mosaïques plates à branches de fleurs exécutées en jaspe de diverses nuances sur marbre noir.

248-250 — Sept mosaïques plates de diverses dimensions à branches de fleurs et oiseaux. Ce lot sera divisé.

251-252 — Onze jolies mosaïques plates de Florence à fleurs et oiseaux sur fond de marbre noir et avec cadres à moulures en bronze doré. Ce lot sera divisé.

253-256 — Seize mosaïques plates à fleurs, oiseaux, vases, etc. Ce lot sera divisé.

257 — Deux grandes mosaïques plates représentant des paysages.

258 — Quatre petites mosaïques plates en relief à fruits sur fond noir. Cadres en marqueterie de cuivre.

259 — Jolie mosaïque ronde de Rome : corbeille de fleurs.

SCULPTURES

260 — Marbre blanc. — Figure d'Appoline debout sur socle de marbre bleu turquin.

261 — Terre cuite. — Bas-relief d'après Clodion : la Balançoire.

262 — Terre cuite. Bas-relief représentant la Paix.

263 — Marbre rouge antique. — Deux coupes, l'une de forme carrée, l'autre ronde.

264 — Marbre rouge antique et albâtre. — Deux petits vases élancés à deux anses.

265 — Marbre blanc. — Buste d'homme avec chlamyde en marbre de rapport. Piédouche en marbre bleu turquin.

266 — Marbre portor. — Fût de colonne sans tore ni embase.

267 — Ivoire. — Deux bas-reliefs représentant le Couronnement d'épines et la Flagellation. Monture formant reliquaire en bronze doré.

268 — Ivoire. — Hanap offrant au pourtour une bacchanale en relief.

269 — Ivoire. — Drageoir en forme de coquille sculpté à ornements. Epoque Louis XIV. La monture manque.

270 — Ivoire. — Lot de petits bas-reliefs représentant des têtes de chérubins, des saintes faces, etc.

271 — Ivoire. — Médaillon ovale sculpté en bas-relief et sans fond, représentant la Résurrection. Signé Le Grand.

272 — Ivoire. — Bas-relief sculpté à figures et armoiries.

273 — Ivoire. — Manche de couteau et figurine de femme.

274 — Ivoire. — Deux médaillons ovales sculptés en bas-relief : saints personnages.

275 — Nacre. — Divers médaillons et bas-reliefs sculptés à ornements.

276 — Ivoire. — Divers mascarons et bas-reliefs.

277 — Marbre blanc. — Buste, grandeur nature, de Parmentier.

278 — Terre cuite. — Petit buste de femme, de travail antique.

279 — Marbre blanc. — Figurine de sainte femme assise.

280 — Marbre blanc. — Figure de femme nue à demi couchée.

281 — Terre cuite. — Deux lions couchés.

282 — Terre cuite. — Groupe de trois figures d'après Clodion.

283 — Terre cuite. — Statuette de Vénus au dauphin.

284 — Cire rouge. —Deux bas-reliefs cintrés représentant des armoiries et un trophée d'armes.

285 — Marbre blanc. — Statue antique de Vénus debout. Provenant de fouilles faites à Tivoli en 1819.

286 — Ambre. — Petit amorçoir sculpté à figures de tritons et de naïades.

287 — Bois. — Petite boîte en forme de soulier sculptée à figures.

288 — Ivoire. — Corbeille de travail chinois repercée à jour.

289 — Deux pièces : chien couché en lave et figurine d'enfant couché en albâtre oriental.

290 — Marbre blanc. — Deux petits bustes : Jean qui rit et Jean qui pleure, sur socles en marbre et bronze doré.

291 — Ivoire. — Figurine de Bacchus debout sur socle en marbre noir.

PORCELAINES

292 — Vase en forme de balustre à deux anses, en porcelaine de Chine marbrée de bleu.

293 — Petit vase en forme de balustre en porcelaine de Chine, décoré d'ornements en rouge de cuivre.

294 — Cornet en porcelaine de Chine à décor en camaïeu bleu.

295 — Petit vase en forme de balustre carré, en porcelaine craquelée, émaillée bleu empois.

296 — Petit vase en porcelaine émaillée gros bleu uni.

297 — Petit vase en forme de balustre en porcelaine de Chine gaufrée et émaillée blanc.

298 — Vase à deux anses en porcelaine de Chine gaufrée et émaillée rouge jaspé.

299 — Petite bouteille en céladon bleu turquoise uni.

300 — Gourde à trois goulots en céladon gris clair.

301 — Brûle-parfums en porcelaine de Chine émaillée bleu uni. Il repose sur trois pieds et son couvercle est surmonté d'une chimère.

302 — Flacon de kalian décoré de fleurs en rouge de cuivre.

303 — Figurine en porcelaine de Chine émaillée bleu et jaune.

304 — Deux figurines en faïence blanche italienne : le Jour et la Nuit.

305 — Petit buste, en biscuit, du Premier Consul.

306 — Lot de couvercles en ancienne porcelaine de Sèvres, de Saxe et de Chine.

307 — Fontaine en biscuit de porcelaine à figures en relief.

308 — Cabaret en biscuit de Wedgwood noir, à feuillages rouges en relief. Dans une boîte en acajou.

309 — Trois coupes en porcelaine gaufrée de la Chine et émaillées vert.

310 — Lot de tasses à anses en ancienne porcelaine de Chine.

311 — Quatre petites coupes en ancien blanc de Chine.

312 — Tête-à-tête en porcelaine dure à médaillons de fleurs et bandes bleues et filets or.

313 — Quatre théières en ancienne porcelaine de Chine.

314 — Douze fourchettes ou couteaux à manches en vieux Saxe.

315 — Diverses pièces en porcelaine tendre de Sèvres.

316 — Deux chimères en terre émaillée de la Chine.

317 — Lot de galeries en ancienne porcelaine de Saxe pour surtout de table.

318 — Diverses pièces pour lustre en porcelaine tendre fond bleu turquoise et fleurs.

319 — Glace ronde avec cadre en porcelaine composé de fleurs en relief.

320 — Deux petites gourdes en porcelaine de Chine émaillée rouge haricot, et deux petites bouteilles en porcelaine de Chine.

321 — Quatre grandes plaques en faïence émaillée vert à bustes en relief. Travail allemand.

322 — Deux coupes en porcelaine de Chine décorées de figures et émaillées vert à l'intérieur. Socles en bois sculpté.

323 — Petit sucrier en porcelaine tendre fond bleu turquoise et médaillons d'oiseaux, monté en bronze.

324 — Deux tasses en porcelaine dure.

325 — Deux petits vases en céladon bleu turquoise.

326 — Deux vases en forme de potiche en porcelaine émaillée vert uni.

327 — Deux vases de forme allongée, en terre émaillée de Sarreguemines imitant le porphyre et montées à anses en bronze doré.

328 — Deux vases en porcelaine de Chine décorés de fleurs et d'oiseaux émaillés en couleurs sur fond vert.

329 — Deux coupes rondes en porcelaine de Chine à décor d'or sur fond noir. Monture en bronze.

330 — Deux petites chimères en terre émaillée de la Chine.

331 — Deux petits vases à couvercle en porcelaine de Chine fond bleu uni.

332 — Vase en forme de balustre à deux anses en porcelaine de Chine émaillée bleu uni.

333 — Petit vase en porcelaine craquelée de la Chine à décor en camaïeu bleu.

334 — Figurine en bronze : Neptune debout. XVIe siècle.

BRONZES ET MEUBLES

335 — Figurine en bronze : jeune femme sortant du bain. D'après Pradier.

336 — Deux hérons debout sur des tortues. Bronzes sur socles en marbre.

337 — Brûle-parfums en jaspe-agate sur trépied en bronze et socle en agate.

338 — Figurine de femme à demi couchée. Bronze moderne.

339 — Presse-papier formé d'un chien debout, sur socle marbre.

340 — Petit cheval se cabrant en bronze. Sur socle en serpentine.

341 — Deux socles en bronze doré ciselés à coquilles. Vente Crozatier.

342 — Trois presse-papier formés d'animaux en bronze doré sur socles en porphyre rouge oriental et en malachite.

343 — Saint-ciboire et ostensoir en cuivre doré.

344 — Custode sur pied à nœud en cuivre doré. xve siècle.

345 — Quatre colonnettes en bois peint et chapiteaux corinthiens, en bois sculpté et doré.

346 — Commode de forme contournée en bois de rose et à dessus de marbre blanc.

347 — Coffret en marqueterie de bois. Travail flamand.

348 — Petite vitrine en bois noir, reposant sur quatre pieds droits.

349 — Huit figurines d'anges en bronze doré. xviie siècle.

350 — Fort lot de bas-reliefs et ornements en bronze, pour meubles et autres.

351 — Deux flambeaux d'église en bronze à pieds triangulaires.

352 — Quatre panneaux en marqueterie de Ning-Pô à figures et paysages en relief.

353 — Petite commode cintrée en bois de noyer, garnie de bronzes.

354 — Deux petites portes de cabinet et tiroirs en bois d'ébène incrusté d'ivoire.

355 — Petit médailler en marqueterie de bois et garni de bronze.

356 — Quantité de modèles et surmoulés en bronze pour chenets, meubles, pendules, etc.

357 — Baromètre en bois sculpté et doré, du temps de Louis XVI.

358 — Deux vases Louis XIII, en cuivre repoussé et argenté.

359 — Pendule en marqueterie de cuivre, étain et écaille rouge.

360 — Deux coupes à couvercle en bronze doré en partie. Travail moderne.

361 — Figurine d'esclave en bronze.

362 — Enfant nu couché et endormi, en bronze.

363 — Trois figurines en bronze : Bacchus, Minerve et Vénus.

364 — Petit buste d'empereur romain avec chlamyde en bronze doré. Sur socle en marbre et bronze.

365 — Croix en écaille, ivoire et nacre.

366 — Groupe en plomb : enlèvement de Déjanire par le Centaure. Sur socle en bois noir et bronze à ornements rocaille.

www.ingramcontent.com/pod-product-compliance
Ingram Content Group UK Ltd.
Pitfield, Milton Keynes, MK11 3LW, UK
UKHW020513180726
13839UKWH00005B/2067